La culture internet des mèmes

Les auteurs et l'éditeur remercient l'Ecole polytechnique fédérale de Lausanne pour le soutien apporté à la publication de cet ouvrage.

ÉCOLE POLYTECHNIQUE FÉDÉRALE DE LAUSANNE

La collection Big Now est éditée par Frédéric Kaplan, professeur de Digital Humanities à l'Ecole polytechnique fédérale de Lausanne (EPFL) et Nicolas Nova, professeur à la Haute école d'art et de design de Genève (HEAD).

Traduction des interviews et du texte de Christian Bauckhage: Alexandre Montin
Graphisme: Notter + Vigne
Imprimé en Suisse

La Fondation des Presses polytechniques et universitaires romandes (PPUR) publie principalement les travaux d'enseignement et de recherche de l'Ecole polytechnique fédérale de Lausanne (EPFL), des universités et des hautes écoles francophones.

www.ppur.org

ISBN 978-2-88915-142-4

FRÉDÉRIC KAPLAN NICOLAS NOVA

# La culture internet des mèmes

BIG NOW

SOMMAIRE

# Introduction

# Les « mèmes » réplicateurs de « même »

Le terme *mème*, inventé par Richard Dawkins par analogie avec la notion de gène en biologie, désigne un réplicateur culturel, c'est-à-dire un élément reconnaissable qui se propage parfois fidèlement, parfois avec altération, au travers de séquences imitatives. Dawkins forge le terme par homophonie avec le mot français « même ». Il peut se définir par ce qui se maintient quand du « même » est produit. Délimiter ce qui est identique et l'unité de réplication n'est pas simple. Il peut s'agir d'un « contenu » — pour Dawkins, l'ouverture de la 9^e^ symphonie de Beethoven en est un exemple —, mais également d'un comportement, comme un mouvement de danse particulier.

La facilité à reproduire et modifier les contenus numériques a donné aux mèmes une importance centrale sur Internet. Elle permet également de montrer la complexité de ces phénomènes de réplication / modification. Les mèmes sur Internet s'organisent en réseau, se mélangent, se renforcent mutuellement. Le numérique les a rendus aisément identifiables, traçables et catalogables.

Une culture propre se révèle, complexe, parfois absurde en apparence.

## Logique virale et logique mémétique

Le processus de réplication mémétique se distingue par sa logique complexe de propagation sur Internet. Quand un lien vers une page web est massivement partagé, éventuellement commenté, mais sans modification, nous parlons de *propagation virale*. La référence du contenu se répand à l'identique tant que chaque destinataire trouve pertinent de la partager. La réplication mémétique implique au contraire une *réinterprétation*. Le contenu n'est pas simplement diffusé, il est utilisé comme matrice pour en générer de nouveaux. Le clip vidéo *Gangnam Style* est l'exemple archétique de la combinaison de ces deux logiques. Le clip de la chanson du Coréen Psy fut la première vidéo de l'histoire à atteindre un milliard de vues sur YouTube, constituant ainsi le premier mégahit global. Le lien vers la vidéo a été partagé selon une logique de réplication virale. Mais contrairement à la plupart des clips, *Gangnam Style* a aussi offert un canevas simple et efficace pour générer des milliers d'autres parodies adaptées aux contextes et cultures de chacun. Pour devenir un phénomène global, le clip s'est en fait métamorphosé en milliers de nouvelles vidéos adaptées à une multitude de sociétés, selon une logique de propagation mémétique.

La reproduction mémétique implique un processus de division du contenu à imiter : une première partie fixe et structurante, la matrice, qui va être dupliquée, et une seconde partie variable, à savoir les dimensions qui seront modifiées lors de la réinterprétation. Un même contenu peut-être divisé de différentes manières. Par exemple, le clip vidéo *Gangnam Style* propose un *langage chorégraphique* efficace qui peut être dansé aussi bien par les grands de ce monde (Ban Ki-moon, David Cameron), que par des milliers de jeunes enfants en maternelle. Cette danse a été imitée, réinterprétée, parodiée, donnant lieu à un phénomène global de reproduction imitative chorégraphique. Parallèlement, le *langage visuel* du clip a également donné naissance à des milliers de parodies reprenant de manière précise sa structure formelle. Sur le web, des groupes de pompiers, d'infirmiers, mais aussi des chercheurs de la NASA ont produit leur propre version de la vidéo, parfois dans un but parodique, parfois avec une visée politique, parfois simplement pour produire un objet visuel « cool ». C'est le patron graphique de *Gangnam Style* qui, dans ce cas, est le cœur des reproductions imitatives. Ainsi, logique virale et logique mémétique se fécondent et se renforcent. *Gangnam Style* est un des premiers succès bénéficiant de la force de la viralité mondialisée, mais il permet une adaptation contextuelle fine en servant de matrice pour générer des milliers d'autres mèmes.

## Systèmes graphiques et linguistiques

Cataloguer et lister les mèmes est une activité très développée dans certaines communautés sur Internet. Des sites comme *Know your meme* identifient les mèmes et retracent leur origine, leur développement et leurs interprétations. Les mèmes se reproduisent selon des logiques imitatives variées, dont il faut caractériser les similarités et les différences.

Parfois, il s'agit d'une phrase, comme dans le cas du cri « This is Sparta » tiré du film *300*, parfois d'un personnage, comme Stan du jeu vidéo *The Secret of Monkey Island*, qui joue le rôle de l'unité réplicative. Celle-ci se trouve présentée dans des contextes variés, l'effet humoristique découlant de la distance d'avec son contexte original.

Un contenu viral, à l'image d'une vidéo à succès, peut donner lieu à des parodies qui reprennent sans formalisme strict la structure visuelle, narrative ou sonore du modèle. La plupart des vidéos à succès sur Internet ont ainsi été déclinées sous des formes parodiques. La vidéo « Charlie bit me », durant laquelle un bébé mord le doigt de son frère, a ainsi donné lieu à de multiples remix et théâtralisations. Certains de ces remix combinent deux lignées mémétiques, le roi de « This is Sparta » remplaçant par exemple le visage du jeune garçon mordu par son frère.

Enfin, certains mèmes forment de véritables systèmes graphiques ou linguistiques. Les « images macros » sont des formats visuels associant graphiquement, selon des maquettes reconnaissables, certains types d'images et éléments typographiques. Parmi les systèmes d'images macros les plus diffusées, les LOLcats mettent en scène une photographie d'un chat et une légende humoristique, écrite dans un Anglais écorché, en lettres capitales et avec une police spécifique. Ces systèmes graphiques sont des invitations à produire d'autres messages en suivant le même canevas et à inventer d'autres modèles d'expression dérivés. L'innovation a ainsi lieu sur deux fronts : le contenu des messages et les modèles de messages.

L'anglais écorché utilisé dans les LOLcats, aussi appelé LOLspeak, est constitué de formes syntaxiques et orthographiques volontairement étranges, mais qui ont tendance à se stabiliser pour former une langue autonome. Des phrases stéréotypées sont systématiquement reprises, imitées et adaptées à différents contextes. La reproduction imitative se construit ainsi autour de patrons syntaxiques.

Les biais de ces syntaxes nouvelles incluent parfois des effets collatéraux de traductions approximatives. Dès la fin des années 1990, ce phénomène linguistique était symbolisé par la phrase iconique « All your base are belong to us », mauvaise traduction anglaise d'une phrase japonaise. L'étrangeté de cette formulation a pu ensuite être standardisée comme un modèle générique permettant de produire d'autres phrases du même type.

## Autonomisation de la réplication mémétique et absurdité

Une des caractéristiques propres et déstabilisantes de la réplication mémétique est qu'elle tend à se présenter comme un *but en soi*. Alors que la réplication virale consiste à partager un contenu jugé pertinent, l'imitation mémétique peut transformer un contenu culturel sans qualité propre en une matrice réplicative, utilisée pour produire des milliers de contenus dérivés. Une image de Keanu Reeves triste ou un bébé dansant sont ainsi choisis comme pattern réplicative de façon apparemment arbitraire. La « machine » mémétique globale semble ainsi produire une culture autonome, absurde, n'ayant comme seule fin que la fascination pour le processus mémétique.

Cette fascination autonome et réflexive conduisant à produire des mèmes *for the sake of it* est-elle une caractéristique de jeunesse du processus global mémétique ou la signature d'une logique culturelle nouvelle et propre au XXI^e siècle ? L'arbitraire et l'absurdité de la réplication mémétique font échos aux esthétiques surréalistes ou dadaïste de la première moitié du XX^e siècle. Sommes-nous face à une immense œuvre d'art populaire, démocratique, collectivement et continuellement construite ? L'absurdité revendiquée des contenus imités ne masque-t-elle pas d'autres discours politiques ou contestataires ? Dans quelle mesure l'adhésion à cette esthétique arbitraire et en apparence stupide est-elle un signe de reconnaissance communautaire ?

## Sociologie de la réplication

La diversité et la complexité esthétique des mèmes en font des signes naturels de reconnaissance pour les communautés. Il y a ceux qui identifient, comprennent et décodent, et ceux qui restent ahuris face à une langue qu'ils ne parlent pas. Il y a ceux qui maîtrisent suffisamment les codes pour se les approprier et participer aux processus de réplication et de réinterprétation, et ceux qui ne se sont pas suffisamment initiés pour être des acteurs actifs.

La culture mémétique se hiérarchise ainsi de manière naturelle. Faire un *selfie* et le poster sur Facebook, c'est déjà participer à une forme simple et commune de processus de réplication mémétique. Il s'agit d'appliquer un mode opératoire standardisé pour produire un objet visuel simple et contextuellement spécifique. Plusieurs sous-cultures spécifiques sont associées à cette pratique. Faire un *selfie duck face* (c'est-à-dire en plissant les lèvres comme un canard) est une pratique qui fut à la mode chez les adolescents. Mettre sa main sur sa figure pour reproduire le geste *facepalm* d'une célèbre photographie du capitaine Jean-Luc Picard dans *Star Treck* impliquerait une référence *geek* plus spécifique à un mème très répandu sur Internet. En Chine, faire un *selfie* avec des lunettes de soleil noir pourrait être interprété comme une action de soutien à l'activitiste Chen Guangcheng.

La maîtrise de systèmes graphiques et linguistiques complexes identifie ainsi des communautés particulières possédant des formes d'élitisme variables. A la « littéracie » de la culture *geek* et *nerds* s'ajoute la maîtrise d'un certain nombre d'outils et logiciels plus ou moins complexes — Photoshop en particulier — qui segmentent à nouveau la population des acteurs entre ceux qui savent les utiliser et les autres.

Cette sociologie des pratiques mémétiques se décline également de manière géographique. Malgré la tendance à la globalisation induite par les processus de réplication sur Internet, des différences culturelles persistent. Il existe quelques rares pays où les images de chats mignons accompagnés de textes ne sont pas des véhicules culturels préférentiels. Certes, les mèmes participent à créer des ponts culturels, mais ils sont loin d'uniformiser globalement les comportements. Leur dimension participative permet, en contraste avec les médias de masse traditionnels, des réappropriations subtiles adaptées aux enjeux locaux. Comme tout système linguistique, les mèmes sont pris dans de constants processus de dialectalisation et créolisation.

Propager un mème en déclinant un pattern nouveau ou dérivé est faire, avant tout, un acte de communication. Cela revient à envoyer un message à une communauté plus ou moins bien identifiée. Certaines pratiques mémétiques se sont d'ailleurs structurées selon la nature du propos à exprimer. Les pratiques des images macros ont rapidement donner lieu à des images archétypiques adaptées à l'expression de certains messages. L'*advice animal* ou l'*annoying Facebook girl* sont autant de modèles où une figure visuelle vient appuyer un certain type de discours. Ces archétypes constituent un vocabulaire visuel narratif permettant l'expression d'une grande palette de commentaires. La pratique mémétique s'identifie ainsi à la fois à une conversation globale, structurée en sous-communautés, et à la construction d'une œuvre collective en évolution continue.

Un changement s'oppère dans l'histoire des médias. La culture des « mèmes » offre un paysage nouveau, riche et complexe à étudier. Pour la première fois, un phénomène culturel simultanément global et local, populaire et, d'une certaine manière, élitiste, construit, « médié » et structuré par la technique, peut être analysé avec précision. Etudier les mèmes, c'est non seulement comprendre ce qu'est et sera peut-être la culture numérique, mais aussi inventer une nouvelle approche pour saisir la complexité des circulations de motifs à l'échelle mondiale.

# Typologie iconique

Comme défini par le modèle triangulaire de Scott McCloud

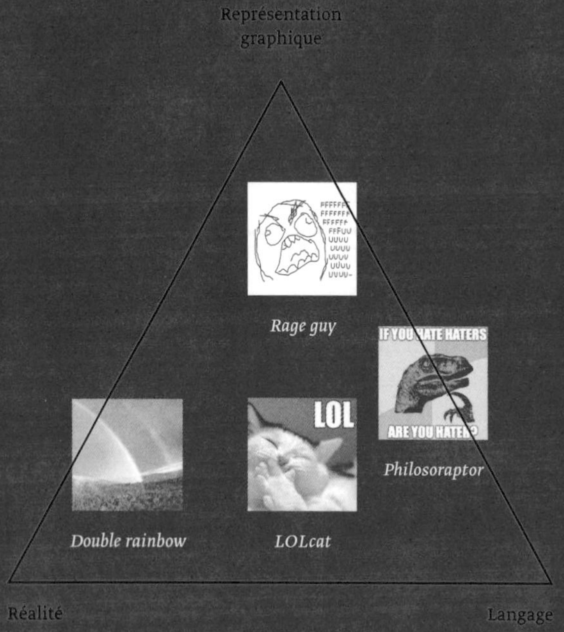

# Diagramme 1

Construit sur la typologie triangulaire de l'iconicité des personnages de bande-dessinée établie par Scott McCloud, nous représentons ici trois facteurs majeurs qui influencent l'élaboration des mèmes Internet. Selon la manière dont ils se rapprochent de la réalité, de l'usage du langage écrit ou de la structure des dessins ou bande-dessinée, nous pouvons situer les mèmes à partir de ce modèle.

## Structure temporelle

# Diagramme 2

Ce diagramme classe les mèmes Internet selon deux typologies, basées sur les structures narratives et temporelles des matériaux visuels proposés aux utilisateurs d'Internet.

Selon la présence de plusieurs vignettes ou de contenus écrits, les mèmes peuvent être simplistes (une image autonome) ou raconter une narration claire. De plus, l'usage de la vidéo et de l'animation peut être un moyen d'aller plus loin que les images statiques et offrir une représentation dynamique des contenus.

# Exemples de mèmes Internet

A

### *Advice animal*

→ P. 25

Série d'images macro qui représentent la photo d'un animal (chien, pingouin, etc.) devant un arrière-plan de rayons multicolores. L'image est accompagnée de deux lignes de textes écrites sous forme de conseil.

### *All your base are belong to us*

Phrase d'accroche très populaire qui s'est répandue sur Internet à la fin des années 1990. Le texte provient de la scène d'ouverture d'un jeu vidéo appelé *Zero Wing* et la grammaire hasardeuse est un exemple d'*engrish*, écrit originellement dans une langue asiatique mais traduite approximativement dans sa version anglaise.

### *Annoying Facebook girl*

Série d'images macro qui représentent une adolescente levant les yeux au ciel devant un arrière-plan de rayons bleus et blancs. Le texte superposé reprend la banalité et la recherche d'attention typiques des statuts postés sur Facebook.

C

### *Charlie bit me*

Vidéo représentant un enfant qui se fait mordre le doigt par son petit-frère et qui crie de douleur avant de dire : « Aie Charlie ça fait vraiment mal ! Charlie m'a mordu » avec un accent typiquement Anglais.

*Chuck Norris facts*

Assertions satyriques, absurdes et exagérées sur Chuck Norris, acteur et spécialiste des arts-martiaux, qui font l'apologie de sa virilité et de sa solidité.

D

*Dancing baby*

Animation 3D d'un bébé qui danse, devenue l'une des premières vidéos virales vers 1996.

*Downfall (aussi connu sous le nom d' « Hitler réagi à... »)*

Série de vidéos parodiques sous-titrées extraites du film *La chute* (2004), un drame Allemand qui se situe à la fin de la Seconde Guerre mondiale et raconte les dix derniers jours de la vie d'Hitler. Les vidéos s'appuient sur des sous-titres anachroniques dans lesquels Hitler se met en colère au sujet d'événements d'actualité ou de rumeurs triviales.

*Double rainbow*

Vidéo Youtube d'un visiteur du parc national de Yosemite, aux USA, qui montre sa réaction extatique à la vue d'un double arc-en-ciel.

*Dramatic chipmunk*

Vidéo de cinq secondes d'un tamia (petit rongeur

d'Amérique du Nord) qui tourne sa tête vers la caméra alors qu'elle zoome sur lui, sur une musique dramatique.

*Duck face*

Terme décrivant une expression faciale obtenue en pinçant les lèvres à la manière d'un bec de canard. Il est souvent associé aux *selfies* d'adolescentes postés sur les réseaux sociaux comme Facebook.

F *Facepalm* → P. 26

Acte de placer sa main devant son visage qui exprime un sentiment de consternation. L'une des images de *facepalm* la plus populaire est celle du capitaine Jean-Luc Picard, issue de *Star Trek Nouvelle Génération*, dans laquelle il est montré réagissant à une situation de stress.

*Fail*

Vocabulaire Internet devenu populaire par le biais d'images macros et de vidéos, représentant des situations dont la conclusion est gênante ou douloureuse pour les protagonistes.

*Free Chen Guangcheng*

Série d'images basée sur des photographies de personnes portant des lunettes de soleil noires, qui, en

Chine, ont servi à la défense de l'activiste des droits civiques Chen Guangcheng.

### *Fry squinty eye*

Série d'images macro qui utilise un dessin de Fry, un personnage de la série-animée *Futurama*, traditionnellement couplé à un texte superposé qui relate un monologue interne.

G

### *Gangnam Style*

Tube dance-pop de 2012, écrit et interprété par le chanteur pop Coréen Psy, basé sur des mouvements de danses comiques. La chanson a engendré des centaines de vidéo Youtube de parodies et de reprises.

### *Graphjam (ou LOLgraphs ou silly graphs)*

Série de représentations statiques et de diagrammes utilisée pour illustrer des sujets triviaux dans un but humoristique.

### *Grass mud horse*

Série d'images macro qui tire son origine de Baidu Baike (un équivalent chinois de Wikipédia), documentant des créatures fictives dont le nom ressemble vaguement, mais explicitement, à une insulte en chinois.

TRIP ON ACID
WATCH JAPANESE TV

WANT TO LOOK COOL?
START SMOKING

CAN'T AFFORD IT?
GET ANOTHER CREDIT CARD

BUY
AN IPAD

BRING GUNS TO SCHOOL
SHOW EVERYONE HOW COOL IT IS

YOU KNOW WHAT CAN SAVE YOUR RELATIONSHIP?
A BABY

### *Grumpy cat*

Série d'images d'un chat de race Snowshoe, à l'apparence colérique, qui est devenu célèbre sur la toile après la parution de ses photos sur Reddit en 2012. Ce chat a donné naissance à des parodies retouchées via Photoshop et à des images macro d'autres chats à l'apparence dédaigneuse.

H

### *Harlem Shake*

Série de vidéos inspirées par une chanson instrumentale produite par Baauer, qui propose une manière de danser en pivotant une épaule dans un sens et en déboîtant l'autre épaule en même temps.

### *Hovercat*

Image macro représentant un chat en suspension, ressemblant ainsi à la forme d'une balle ou d'un missile. Typiquement utilisée pour rétablir l'ordre dans une discussion online.

I

### *It's over 9000!*

Phrase d'accroche populaire, extraite du dessin-animé japonais *Dragon Ball Z*, dans lequel un personnage lit le « niveau de force » de son adversaire et s'écrit « C'est à plus de 9000 ! ». Souvent utilisée comme quantifiant innombrable pour décrire de grands nombres.

K *Keyboard cat*

Série d'images représentant un chat vêtu d'une chemise et jouant du piano, filmé au milieu des années 1980. Souvent utilisée comme indicateur d'une défaillance sur les forums et communautés web.

L *Leeroy Jenkins*

Personnage du jeu online *World of Warcraft* connu pour crier son nom avant de charger tête baissée dans la bataille, tuant tout le monde sur son passage. Ce personnage a fait par la suite diverses apparitions dans les produits *World of Warcraft*.

*Lipsynch (ou lip sync)*

Série de vidéos remixées dans lesquelles les mouvements des lèvres sont synchronisés avec des musiques ou des chants.

*LOLcats*

Images macro basées sur des photos amusantes de chats, avec des textes superposés écrits dans un anglais grammaticalement incorrect, connu aussi sous le nom de *LOLspeak*.

M *Mormon porn*

Photographies photoshopées de filles semblant nues, obtenues en cachant leurs vêtements par le procédé du *bubbling* : une technique de photo-édition qui utilise le positionnement de cercles transparents et d'un fond de couleur opaque, de manière à ce que des personnes paraissent nues alors qu'elles ne le sont pas.

N *Nintendo 64 kids*

Série de vidéos s'inspirant d'une séquence dans laquelle deux enfants déballent leurs cadeaux de Noël et se mettent à hurler de joie en découvrant qu'ils ont reçu une console de jeux Nintendo 64.

*Numa Numa*

Série de vidéos qui se sont répandues après la sortie du clip de la chanson *Dragostei din tei* interprétée par O-Zone.

O *O RLY*

Image macro composée de la superposition d'un texte de légende sur la photo d'un harfang des neiges. Souvent utilisée en réponse à une déclaration clairement douteuse ou éminemment vraie.

P

### *Pedobear*

Mascotte de dessin-animé, devenue une icône célèbre de par son usage sur le forum 4chan, sur lequel elle signalait aux modérateurs et utilisateurs que des contenus pornographiques illégaux avaient été postés.

### *Peanut Butter Jelly Time*

Animation flash constituée d'un personnage représentant une banane animée dansant sur la chanson *Peanut Butter Jelly Time* de The Buckwheat Boyz. Ce personnage est ensuite apparu à plusieurs reprises sur Youtube.

### *Philosoraptor*

Série d'images macro constituée d'un vélociraptor placé devant un arrière-plan de rayons verts et profondément plongé dans des interrogations métaphysiques.

### *Planking*

Mème photographique sur lequel une personne fait la planche, la tête vers le sol et les bras collés au corps dans des espaces publiques incongrus. Avant le déclenchement du phénomène de *planking*, le fait de se tenir dans cette position avait été documenté au préalable par le phénomène appelé *lying down game*.

R

*Rage guy (FFFFFUUUUUUUU-)*

Série de dessins aux traits grossiers en quatre vignettes, dépeignant des situations pouvant engendrer la colère et l'exaspération, représentant le protagoniste en train d'hurler de rage sur la dernière vignette.

*Rickrolling*

Usage de leurre qui induit de proposer un lien Internet qui est supposé coller au sujet de la page, mais qui en fait redirige le lecteur vers le « tube » de Rick Astley *Never Gonna Give You Up*.

S

*Sad Keanu* → P. 33

Série de photographies de l'acteur Keanu Reeves, l'air maussade, assis seul sur un banc publique et mangeant un sandwich.

*Selfie*

Mot de l'argot Internet pour « autoportrait », utilisé pour décrire les photos numériques de soi prises par soi-même. Souvent utilisé comme mot-clé sur les sites de partage de photos.

*Stan sells X (YTMND)*

Série de *mash-ups* (remix) multimédia représentant

Stan, un personnage de jeu vidéo produit par Lucasfilm dans les années 1990 appelé *The Secret of Monkey Island*, vendant des articles en agitant les bras sur la chanson *Hardware Store* interprété par Weird Al Yankovic.

*Star Wars kid*

Série de vidéos mimant les mouvements d'un adolescent qui s'est filmé en train de se battre avec un sabre laser à la manière de Darth Maul dans *Star Wars: Episode I.*

*Success kid* → P. 34

Série d'images montrant un bébé à la plage qui arbore une expression faciale de fierté devant un arrière-plan de rayons multicolores. L'image est accompagnée d'un court texte décrivant une situation qui tourne mieux que prévue.

T

*This is Sparta*

Une série de *mash-ups* qui parodient une scène du film *300*, dans laquelle le Roi de Sparte refuse la paix avec les Perses en criant : « This is Sparta » au messager perse.

*Trayvon Martin hoodie*

Série de vidéos de personnes portant des sweats à capuches pour protester contre la mort d'un adolescent

THOUGHT TODAY WAS MONDAY
IT'S SUNDAY

THOUGHT I ONLY HAD ONE BEER LEFT
TWO LEFT

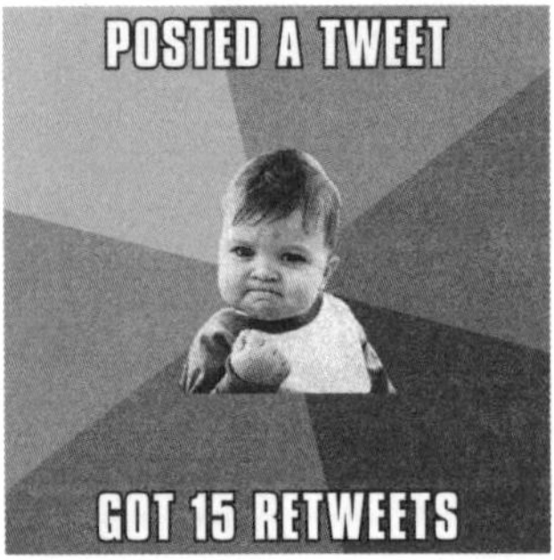
POSTED A TWEET
GOT 15 RETWEETS

DROP THE SOAP
CAUGHT IT IN MID-AIR

NO WIFI AT THE HOTEL
CAFE NEXT DOOR HAS UNSECURED WIFI

FOUND OUT
SHE LIKES VIDEO GAMES

afro-américain qui s'est fait tirer dessus par un capitaine d'un groupe de défense communautaire en Floride.

*Trololo*

---

Equivalent russe du *rickrolling*, qui conduit sur le lien de la chanson-pop de l'ère soviétique *I am Glad* chantée par Eduard Khil.

W *Weegee*

---

Série d'images dans lesquelles l'avatar de Luigi (trouvé dans le jeu-vidéo éducationnel *Mario is Missing!*) est contextualisé par des images d'arrière-plan pour créer des situations qui suscitent un malaise.

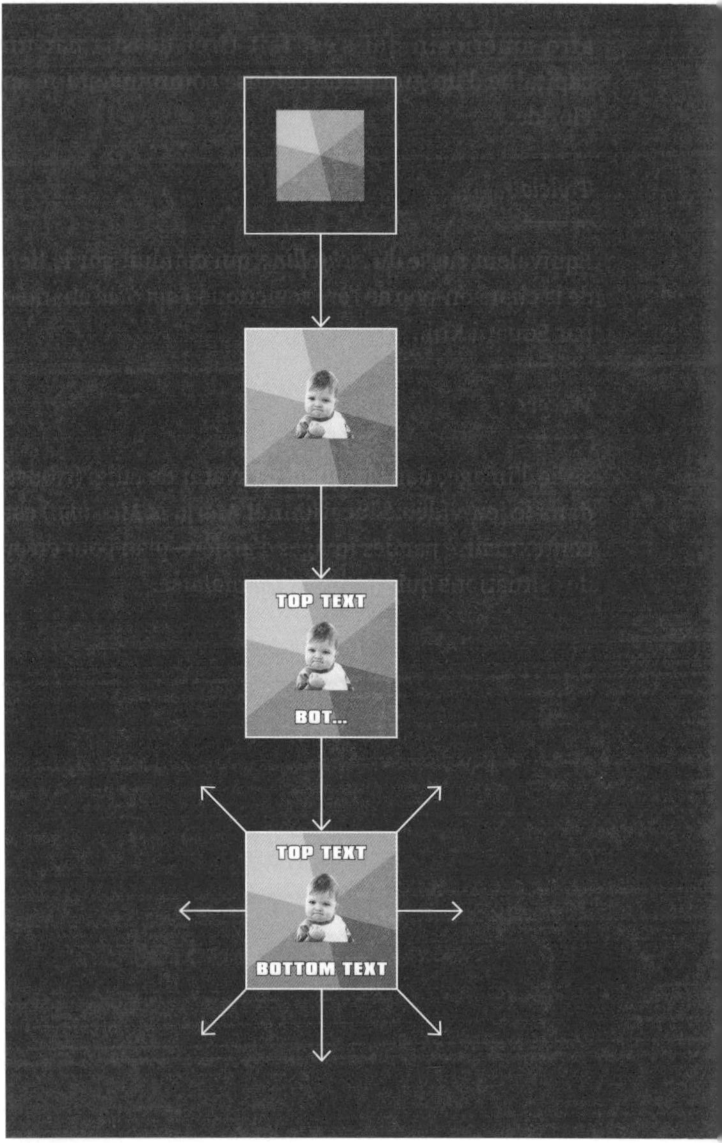
TOP TEXT
BOT...
TOP TEXT
BOTTOM TEXT

# Comment créer un mème Internet ?

—

1. Allez sur https://imgflip.com qui propose aux utilisateurs le « générateur de mème le plus rapide au monde ».
2. Sélectionnez *Make a meme* dans l'onglet de droite.
3. Sélection de l'arrière-plan : dans l'onglet *Popular meme*, cherchez la photo *Success kid* (la photo d'un bébé qui arbore une expression faciale de fierté devant un arrière plan de rayons bleus et violets).
4. Texte du haut (*Top text*) : écrivez quelques mots qui décrivent une situation (ex : *En retard au travail*).
5. Texte du bas (*Bottom text*) : écrivez quelques mots qui décrivent comment cette situation s'est mieux terminée que prévu (ex : « Le patron est arrivé encore plus tard »).
6. Cliquez sur *Generate meme*.
7. Sauvegardez l'image obtenue et diffusez-là sur les réseaux sociaux.

# Interviews

# Kenyatta Cheese

*Kenyatta Cheese est le co-fondateur de* Know Your Meme *(KYM), une base de données de mèmes qui documente les spécificités de la culture Internet depuis 2008. Dans cette interview, il développe l'importance de l'exploration et de l'observation de la culture mème.*

NICOLAS NOVA

*Pourquoi vous et vos collègues avez-vous fondé* Know Your Meme *? Qu'est-ce qui vous a motivé à créer cette base de données en ligne ?*

KENYATTA CHEESE

Nous avons crée KYM en 2008, alors que nous travaillions tous pour la société de vidéos-web *Rocketboom*. Nous avons passé nos journées sur des forums en ligne, sur lesquels nous avons observé les gens développer et partager des blagues, des visuels et des images macro, tout ce qu'aujourd'hui nous appelons les mèmes Internet. Quand un mème n'était pas bon, un autre utilisateur reprenait l'idée et l'améliorait. Puis certaines personnes commençaient à partager ce mème en dehors de ce forum, sur des réseaux sociaux plus importants. Si un mème avait les caractéristiques pour devenir *mainstream*, il se propageait de manière étendue et virale. Voir cela se produire en temps réel était fascinant.

Nous avons alors commencé à voir de plus en plus de mèmes Internet à la télévision et dans les magazines, mais ils étaient sortis de leur contexte et ne mentionnaient pas les communautés qui les avaient conçus. Nous avons alors pensé à réaliser une série de vidéos pour documenter leur expansion. Finalement, cela s'est transformé en une base de données de mèmes (MemeDB) qui est maintenant totalement gérée par la communauté KYM, sous la supervisation et la coordination de l'équipe KYM et de modérateurs bénévoles.

NN *Vous avez fondé KYM en 2008. Depuis, vous avez accumulé beaucoup de contenus. Cela en fait un lieu très intéressant pour observer la culture Internet et les mèmes. Pouvez-vous nous donner des chiffres et des statistiques sur la base de données KYM ?*

KC Oui, quand nous avons commencé, nous ne savions pas très bien ce que nous étions en train de faire, mais Jamie Wilkinson était un brillant développeur et Elie Rountree, Andrew Baron et Chris Menning connaissaient très bien les réseaux de diffusion des mèmes. Nous avons donc débuté en documentant et en créant des pages pour une vingtaine de mèmes. Ce n'était pas énorme, mais c'était suffisant pour amorcer la base de données de mèmes de Jamie. C'était également suffisant pour transmettre nos intentions, notre style et notre ton aux personnes intéressées par notre projet. Ainsi, certains ont pu saisir en quoi notre base de données était différente d'autres tentatives, comme celle d'Encyclopedia Dramatica. Dès lors, ils se sont mis au travail et ont commencé à contribuer au site.

A présent, il y a près de 2000 mèmes confirmés sur le site, au milieu d'autres pages et notes sur la communauté web, les sous-cultures Internet et les évènements. Nous avons également établi une liste de personnes que la communauté considère comme importantes dans la création et l'expansion des mèmes Internet. En comptant les propositions faites par les Internautes et les mèmes dont l'origine est encore recherchée, notre base de données de mèmes est constituée d'environ 12 000 pages.

NN *Pouvez-vous nous en dire plus sur le processus de « recherche et évaluation » que vous déployez ? Comment établissez-vous l'origine et la propagation d'un mème ?*

KC N'importe qui peut soumettre une nouvelle page. Le formulaire pour ajouter des contenus pose des questions portant sur le nom du mème, sa description, là où il a été trouvé la première fois, etc. Les modérateurs de recherche et les bénévoles de la communauté vont ensuite y accéder pour contrôler les informations transmises. S'il n'y a pas assez de preuve de la prééminence du mème ou si le texte est mal écrit, l'article est déplacé dans la *deadpool* (une section dédiée aux pages en attente de validation).

Mais s'il y a là quelque chose d'intéressant, les membres de la communauté *Know Your Meme* se portent volontaire pour rechercher et documenter l'origine avérée du mème, ses différentes itérations, tout comme le volume et la portée de sa propagation. Tout cela est fait en utilisant des outils disponibles publiquement, comme des moteurs de recherche, Google Trends et les archives Internet.

Rapidement, nous avons réalisé que nous voulions évaluer l'expérience des utilisateurs à travers leur propre expertise. Il est possible de ne rien connaître à la critique théorique ou à la science des données, mais d'avoir gardé la trace d'une image macro rencontré quinze ans plus tôt sur un forum. Il peut y avoir beaucoup d'interférences dans la multitude d'informations liées à la recherche d'un mème, toutefois, cela permet souvent de trouver les meilleures pistes. Une fois qu'un indice trouvé est vérifié, nous l'ajoutons à l'article.

NN *Au fil du temps, KYM a réuni beaucoup de contenus, ce qui en fait un observatoire intéressant pour étudier et comprendre la culture Internet. Qu'avez-vous appris sur les mèmes ?*

KC Beaucoup de choses. Nous avons appris que les mèmes ne naissent pas de nulle part. D'abord quelqu'un a l'idée, puis il introduit cette idée dans une communauté dans laquelle elle est améliorée par différentes itérations, jusqu'à ce qu'elle atteigne une certaine justesse, ce qui veut dire, la plupart du temps, qu'elle suscite une réaction émotionnelle ou rationnelle chez les autres. Une fois que cela arrive, ce même est prêt à être diffusé à un public plus large.

Nous avons appris que les gens ont tendance à partager leurs idées au sein de communautés dans lesquelles ils se sentent en confiance. Parfois, ce sentiment de confiance est dû à la présence de règles de participation ou d'encouragement. D'autres fois, l'anonymat offre un bouclier derrière lequel ils peuvent se réfugier pour partager leurs pensées.

De plus, la diffusion des mèmes semble emprunter des sentiers balisés d'idéation, d'itération, d'amplification et de reproduction. Ils prennent naissance sur les forums Internet, les platesformes sociales et les communautés de création de contenus, avant de commencer à filtrer vers de plus grands nœuds sur Internet. Plus essentiel, nous avons appris que l'importance et le sens de n'importe quel mème tiennent davantage à son aspect collaboratif qu'à la propagation de son contenu.

NN *Est-ce que vous voyez une évolution dans la création et la diffusion des mèmes ?*

KC Je ne sais pas si KYM dit quelque chose de novateur, nous semblons utiliser les mèmes Internet pour créer des connections entre nous et les autres. Ce qui est nouveau, c'est l'échelle et la vitesse auxquelles nous pouvons partager ces idées et ce, sans s'appuyer sur une structure intermédiaire.

Par contre, je pense que ces dernières années ont vu une réduction de la diversité de ce à quoi l'on se réfère en évoquant la notion de « mèmes Internet ». Andy Baio, technologue et bloggeur américain, a réalisé un argumentaire développé qui soutient l'idée qu'en passant aux appareils mobiles et aux applications isolées, il est devenu plus difficile de manipuler et itérer des contenus. Il est possible que cela ait conduit à une diminution des variations des mèmes.

Mais pendant que les mèmes traditionnels en pâtissent, d'autres formes ont émergé et évolué. Les *GIF* ont pris la place des images statiques sur des plateformes comme Tumblr et Livejournal. Instagram et Vine sont remplis d'images et de vidéos basées sur des mèmes. Plus encore, les stars de Youtube et les fans de télévision ou de musique exploitent les *hashtags* de Twitter encore plus rapidement que les équipes de marketeur. La créativité humaine est comme l'eau. Mettez quelque chose sur sa route et elle fera son chemin autour.

NN *La plupart des articles présents sur KYM viennent de la sphère anglophone, êtes-vous intéressés par d'autres langues ou communautés ? Constatez-vous des spécificités culturelles liées au langage ?*

KC La vaste majorité des articles sur *Know Your Meme* sont en anglais, car il s'agit de la langue de la plupart de nos collaborateurs ayant des connaissances sur le sujet. Mais la communauté est internationale et il y a des sous-groupes sur le forum de KYM qui discutent, recherchent et accompagnent l'évolution des mèmes depuis le Brésil, la Chine, la Corée, le Japon, le Mexique, la France, l'Allemagne, la Russie et d'autres endroits encore. Alors que la partie non anglophone de KYM n'est pas encore au point, des recherches menées par des personnes comme An Xiao Mina semblent confirmer la popularité des mèmes basés sur des images. Les images macro sont populaires en Amérique, en Europe, dans la majeure partie de l'Asie et dans beaucoup de pays arabes. Les histoires racontées en quatre vignettes semblent prévaloir en Afrique du nord. Les Rage Comics en particulier semblent pouvoir être adaptés presque universellement.

NN *Une des sections les plus étonnantes du site KYM est la partie* deadpool *du site, celle qui contient les articles sur des cas non vérifiés ou « inventés ». Qu'est-ce qui y est notable ? Que raconte cette accumulation d'exemples finissant dans la* deadpool *? Considérez-vous cela comme autre chose que comme un simple travail en cours de création ?*

KC La première leçon de la *deadpool* est la mise en lumière de nos *filter bubbles*, le fait que nous vivons dans des bulles parallèles sur Internet, ou chacun voit seulement les contenus qui l'intéressent. Pour reprendre le concept d'Eli Pariser : ce n'est pas parce que tous nos amis Facebook pensent que quelque chose est un mème, que son volume est assez conséquent pour valider son référencement dans *Know Your Meme*.

Certains articles de cette *deadpool* sont le fait de marketeurs ou de trolls qui visent à tester le système (« si je parviens à faire valider mon article, les gens penseront que ce mème existe »). Parce que les membres de la communauté KYM sont aussi membres d'autres communautés sur lesquelles ils font des recherches, ils peuvent reconnaître de faux articles assez rapidement.

Mais parfois les articles de la *deadpool* peuvent être bien écrits, bien documentés et être significatifs de certaines sous-cultures Internet pour les membres, mais ne pas avoir le volume, l'influence ou la longévité suffisants pour être candidat à la base de données du site. Ce sont les articles les plus intéressants car il est difficile de déterminer *a priori* l'importance d'un mème. Alors que le réseau grandit et que la culture Internet évolue, le sens profond de la « pertinence » change chaque année. C'est à mon avis une très bonne chose.

# An Xiao Mina

*An Xiao Mina est une écrivaine et designer sino-américaine résidant aux Etats-Unis. Dans cette interview, elle explique comment la culture Internet et les mèmes abordent des questions politiques partout dans le monde.*

NICOLAS NOVA
*Une grande partie de votre travail porte sur le rôle politique des mèmes Internet, principalement en Chine et en Ouganda, pouvez-vous nous dire comment vous êtes-vous intéressée à ces questions ?*

AN XIAO MINA
J'ai toujours été intéressée par les mèmes, ainsi que par les médias sociaux et l'expression créative, des thèmes que j'ai approfondis un peu plus en étant à New York. Pourtant, c'est lorsque je travaillais en Chine que j'ai vu un aspect des mèmes que je n'avais pas relevé auparavant : ils peuvent être utilisés pour contourner la censure et aborder des problèmes politiques sensibles. Alors que j'imaginais trouver

en Chine des conversations stériles, censurées, j'ai vu au contraire une floraison d'expressions sociales et politiques créatives, avec des mélanges de jeux de mots, d'images remixées et même de chansons et danses.

Je suis particulièrement attirée par l'idée que les mèmes puissent être utilisés comme une forme d'expression importante pour les questions de droits de l'homme et de justice sociale. La créativité est indispensable à la transmission des idées dans ces domaines. Créer un mème, sans pour autant être dans une position de force, est une manière d'exercer un pouvoir sur un environnement médiatique dominant et de construire une communauté avec d'autres participants. Comme j'ai pu le constater récemment lors d'une conférence au Personal Democracy Forum, beaucoup de mèmes socialement engagés servent à contrebalancer toutes les micro-oppressions qui s'accumulent dans nos vies. Ces mèmes sont des actes de micro-affirmation, dont l'impact est cumulatif.

NN *Au-delà de ça, qu'avez-vous appris sur les mèmes et leur pratiques ?*

AXM Certains mèmes peuvent sembler puériles et stupides (peut-être le sont-ils réellement, il n'y a d'ailleurs aucun mal à cela !), mais exploités par des activistes, ils deviennent de puissantes armes culturelles. Un essai que je vais bientôt publier dans le *Journal of Visual Culture* s'intéresse au mème de Chen Guangcheng, developpé par l'artiste anonyme Crazy Crab. Celui-ci a encouragé les gens à porter des lunettes de soleil noires en manifestation de soutien à Chen, un avocat aveugle. Parce que Chen était alors en détention illégale, la présence de ces lunettes de soleil sur les photos de profil à travers les réseaux sociaux est devenue une démonstration très puissante de solidarité et de visibilité vis-à-vis de quelqu'un que le gouvernement essayait de rendre invisible.

Ce qui importe, c'est le contexte. Comme je l'ai écrit dans *Ethnography Matters*[1], même les chats — Internet est essentiellement une affaire de chats, n'est-ce-pas ? — ne sont mémétiques que dans certains contextes. Dans des endroits où les chats ne sont pas des animaux domestiques, par exemple en Ouganda, vous êtes beaucoup moins susceptibles de tomber sur des images amusantes les représentant. De plus, l'accès à Internet devenant progressivement global, nous pouvons nous attendre à trouver une plus grande variété de contenus créatifs en ligne. Je pense par exemple aux « Saudi kissing camels ». Les mèmes sont peut-être aussi variés que les cultures humaines.

NN *Les mèmes semblent être un moyen de contourner la censure. D'une certaine manière, ils se placent dans une longue tradition (peinture, littérature) de cette façon de faire, mais qu'est-ce qui est spécifiquement nouveau avec l'utilisation du médium Internet ?*

AXM Vous avez raison, il existe partout dans le monde une longue tradition d'utilisation des contenus créatifs pour esquiver la censure. Les peintres et poètes chinois sont connus pour faire allusion aux questions politiques sensibles à travers leurs images et leurs mots. Ce qui est nouveau avec les mèmes, c'est que le passage à la participation est aisé ; il est relativement facile pour d'importants groupes de personnes de venir avec leur propre version d'un jeu de mot, ou de simplement le republier et de le diffuser sur les réseaux sociaux. Il est un peu plus difficile de participer via une image ou une vidéo, car ces médias demandent un accès et des connaissances techniques plus pointues, mais cela reste beaucoup plus facile à faire que d'essayer de donner une large audience à une peinture subversive. De plus, l'aspect participatif, indissociable des mèmes, les rend davantage propices à être partagés et remixés que les autres médias. Relevons que le signal que les mèmes envoient aux autres personnes est plus important que leur contenu sémantique. En partageant et remixant les mèmes, les gens s'envoient des signaux sociaux.

Je pense qu'il est aussi important de noter qu'il y a une part inhérente de stupidité dans beaucoup de ces mèmes. Bien que le mème Chen Guangcheng ait débuté très sérieusement, il a rapidement viré à la farce, avec toute une gamme de mèmes remixant le hashtag #FreeCGC en un poster Free KFC avec Chen en colonel. L'humour a toujours été un vecteur pour exprimer des vérités difficiles. L'humoriste Ougandais Ernest Bazanye m'a dit une fois que l'on a besoin de l'humour pour se souvenir de la banalité de l'oppression ; ce sont ces incessants changements et remix qui gardent les questions vitales au premier plan.

NN *Dans ce texte présenté dans* Ethnography Matters, *vous décrivez comment la culture Internet — et les mèmes — peuvent être des ponts culturels, qu'entendez-vous par là ?*

AXM J'ai écrit dans *The Atlantic* à propos des incroyables similarités entre deux mèmes, le Guangcheng sunglasses en Chine et le Trayvon Martin hoodie aux Etats-Unis. Dans les deux cas, il s'agit de groupes historiquement privés d'autonomie qui utilisent des actions symboliques et des selfies pour donner une plus grande visibilité à des causes importantes[2]. Que tous deux surgissent indépendamment l'un de l'autre suggère qu'ils proviennent d'une culture Internet similaire, une culture qui favorise depuis longtemps des actions participatives créatives reposant sur les selfies.

Comme le hip-hop, Michael Jackson, les films d'Hollywood et Coca-Cola sont devenus des ponts culturels entre beaucoup de personnes dans le monde — je ne saurais vous dire combien de fois j'ai vu des interprétations personnelles du moonwalk sur n'importe quel continent — les mèmes peuvent potentiellement devenir des points de références à travers les cultures. J'ai vu le Rage faces, par exemple, être recontextualisé par l'Egyptian Sarcasm Society et des activistes chinois. Est-ce que ces référence communes peuvent être utilisées comme fenêtre d'ouverture vers une autre culture ? C'est une question que j'aimerais développer dans *The Civic Beat*, une nouvelle publication que je fonde avec Jason Li et qui s'intéresse aux expressions politiques créatives sur le web global. Voir un mème d'une autre culture permet ainsi d'appréhender certaines de ses caractéristiques.

NN *Vous vivez aux Etats-Unis et observez la culture mème en Chine et en Ouganda, avez-vous relevé certaines différences culturelles? La censure et le risque de censure ont-ils une influence sur la production de mèmes?*

AXM La censure gouvernementale en Chine provoque indiscutablement un certain niveau de créativité qui produit des jeux de mots incroyables, comme le Grass mud horse. Par contre, les gens sont silencieux par bien d'autres aspects. L'Ouganda ne subit pas le même niveau de contrôle des médias que la Chine, mais certaines opinions sont encore considérées comme sensibles. Et alors que les Etats-Unis ont un environnement médiatique plus libre, toutes les opinions ne sont pas représentées de manière équitable ; le mème Trayvon Martin hoodie est une réponse directe au fait que ces créateurs considéraient que l'histoire de Martin ne bénéficiaient pas de l'exposition qu'elle méritait dans les principaux médias. Dans tous les pays que j'ai observés, il y a une grande variété de mèmes stupides et apolitiques, et un certain nombre de mèmes aux contenus social et politique.

1. http://ethnographymatters.net/blog/2013/03/25/the-chickens-and-goats-of-ugandas-internet/
2. Source : http://www.theatlantic.com/technology/archive/2012/07/a-tale-of-two-memes-the-powerful-connection-between-trayvon-martin-and-chen-guangcheng/259604/

# Observations sur

# le cycle de vie des mèmes

# sur Internet

# Christian Bauckhage

FRAUNHOFER IAIS

*Dans ce court texte, Christian Bauckhage explique comment les dynamiques des mèmes peuvent être analysées et comprises grâce à l'utilisation de modèles mathématiques.*

Bien que les contenus viraux ne soient pas un phénomène nouveau, la nature participative des médias sociaux modernes a permis aux mèmes d'incarner la culture Web actuelle[1]. De plus en plus de recherches sont menées sur le sujet[1 4 5 8] et pourtant, de nombreuses facettes en restent largement incomprises. Nous allons ici brièvement examiner quelques spécificités de la dynamique des mèmes.

Le *schéma 1* présente les séries chronologiques se rapportant à des mèmes et extraites de Google Trends : elles indiquent comment l'attention collective sur des mèmes particuliers évolue dans le temps. Nous voyons qu'il y a des motifs qui s'y retrouvent à plusieurs reprises. A la suite de l'apparition d'un nouveau mème, l'intérêt que lui porte le public explose, puis s'évanouit plus ou moins rapidement dès son pic de popularité atteint. Sur le *schéma 3*, nous avons analysé les séries chronologiques de plus de 200 mèmes populaires. Nous avons découvert que les analyses de distribution de longévité apportaient des modèles pertinents pour les dynamiques observées. C'est un fait intéressant, car de tels modèles reflètent les dynamiques de cycles de tendances et ainsi nos résultats suggèrent qu'individuellement, les mèmes populaires sur le web ne sont en fait qu'un engouement éphémère d'une sous-culture.

Rappelons ici que les engouements éphémères sont des formes de comportement relatives à des idées, des activités ou des produits pour lesquels le public s'enthousiasme sur une certaine durée, car il les perçoit comme « nouveaux ». Lorsqu'un tel engouement « prend », le nombre de ses adeptes s'accroît rapidement. Cependant, une fois que disparaît cette perception de nouveauté, il diminue à nouveau[7]. Ces dynamiques correspondent au comportement général illustré par le *schéma 1* et peuvent être modélisées statistiquement[6].

Sur le *schéma 3*, nous nous sommes intéressés aux tendances générales des séries chronologiques relatives aux mèmes et à partir de là, nous avons examiné des modèles simples à deux paramètres qui présentaient peu de risques de surapprentissage. La distribution de Weibull[3] peut prendre diverses formes, mais elle est généralement désaxée sur la droite et a une courte queue de distribution. La distribution de Gompertz peut être désaxée sur la gauche ou la droite et a une courte queue de distribution. La distribution de Frechet peut être vue comme une distribution de Gompertz

## SCHÉMA 1

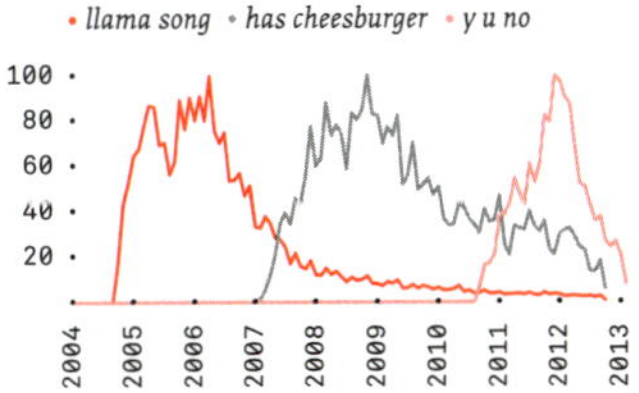


*Coefficient positif, pics larges, queues de distribution courtes.*

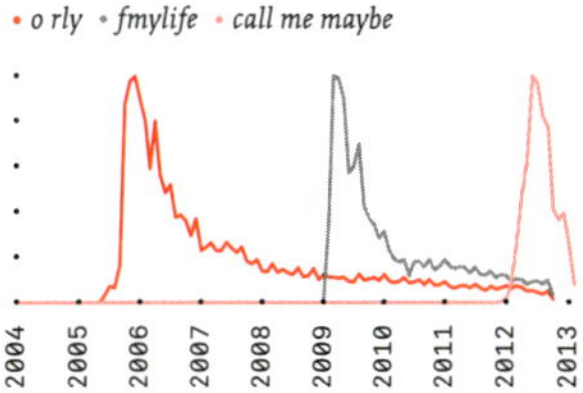


*Coefficient positif, pics étroits, queues de distribution longues.*

Exemples de séries chronologiques relatives aux mèmes relevées sur Google Trends. Bien que les détails soient chaotiques, on y découvre des tendances communes sur l'évolution de l'intérêt pour un mème en particulier.

## SCHÉMA 2

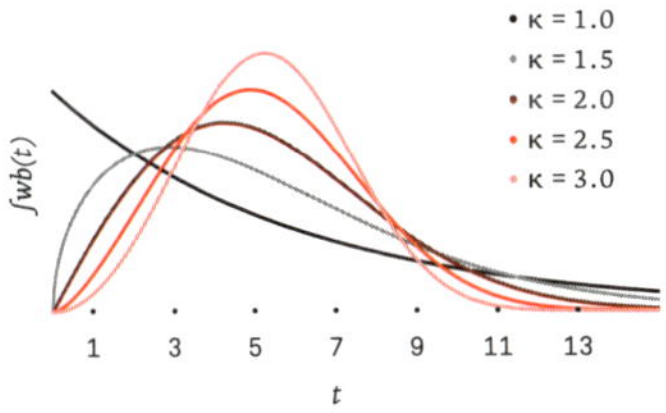


*Distribution de Weibull*

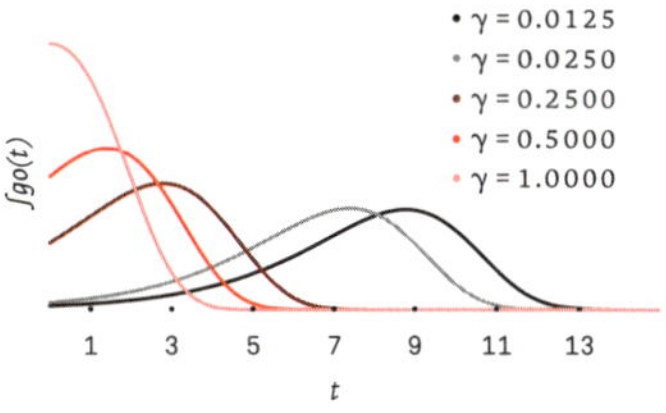


*Distribution de Gompertz*

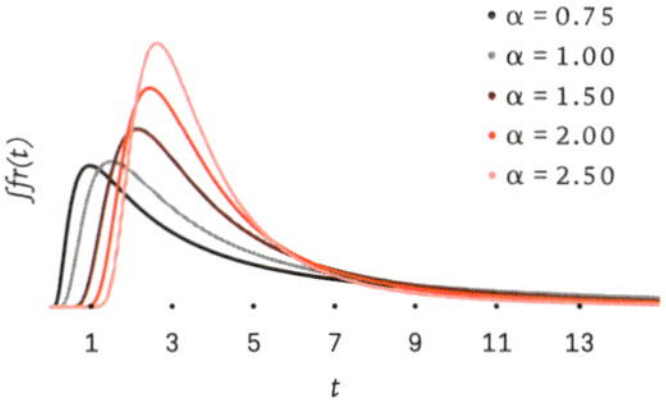


*Distribution de Frechet*

Exemples de la variété de formes que peuvent prendre les modèles présentés.

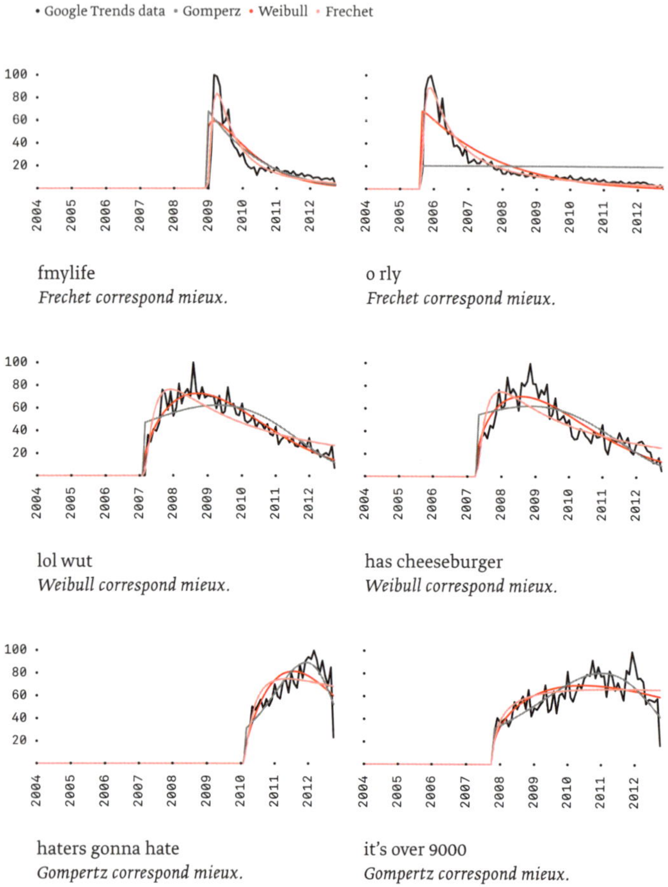


Exemples de séries chronologiques de fréquences de recherche relatives à différents mèmes sur Internet et résultats de l'analyse de la tendance globale à l'aide de modèles de durée de vie.

sur une échelle logarithmique[2]. Elle peut prendre une grande variété de formes, mais a un pic bien défini et une longue queue de distribution. Nous effectué une étude pour montrer[3] que ces trois modèles peuvent rendre compte de l'évolution de l'attention dans le temps liée à un mème particulier.

A partir d'une collection de 214 mèmes Internet, nous avons utilisé Google Trends afin d'obtenir des synthèses hebdomadaires relatives aux recherches de mèmes entre le 1er janvier 2004 et le 8 février 2014. Google ne dévoilant que les fréquences de recherche, les données ne permettent ni d'estimer l'intérêt absolu, ni de déduire quel était le public touché. Nos données apportent donc des indicateurs moyens concernant l'évolution de la popularité d'un mème. Les résultats obtenus ici doivent être interprétés comme des prévisions statistiques.

Le *schéma 3* présente des exemples caractéristiques témoignant de la pertinence des modèles choisis. Une analyse quantitative a permis de découvrir que la distribution de Frechet était la plus pertinente dans une majorité des cas (66%). La distribution de Weibull était le deuxième meilleur modèle (21%), suivie par celle de Gompertz (13%).

Il semble donc exister un mécanisme latent expliquant comment l'attention pour les mèmes se développe au fil du temps. Bien que les dynamiques représentées par les distributions de Weibull, Gompertz et Frechet soient de types différents (de temps polynomial, exponentiel et polynomial inverse respectivement), elles dépendent toutes du degré d'attention porté jusque-là. Non seulement ces modèles illustrent bien les tendances générales concernant les séries chronologiques sur les mèmes, mais elles les décrivent également comme un simple mécanisme : l'attention apportée jusque-là influence la popularité future d'un mème. Les mèmes sur Internet subissent le cycle classique du *hype* ; plus les gens sont habitués à un mème, plus ce dernier perd de son attrait.

Parmi les modèles que nous avons examinés, la distribution de Frechet est celle qui convient le mieux à la plupart des mèmes analysés. Comme cette distribution est caractérisée par une courbe ascendante nette, un pic étroit et une queue de distribution plutôt longue, elle nous permet de constater que la majorité des mèmes atteignent rapidement leur pic de popularité et commencent à décliner lentement peu de temps après. En y regardant de plus près, il apparaît que ce constat s'applique particulièrement aux vidéos virales sur YouTube. Toutefois, comme la distribution de Weibull et celle de Gompertz permettent également une analyse précise d'un pourcentage considérable de séries chronologiques relatives aux mèmes, il semble qu'il y ait au moins deux types différents de mèmes sur Internet. Il y a les mèmes à courte vie qui, rapidement, disparaissent comme ils sont arrivés, et il y a des mèmes qui subsistent sur de longues périodes. Ces observations soulèvent des questions intéressantes pour de futurs travaux : quels mécanismes (sociaux) ou caractéristiques de contenus induisent ces inégalités de longévité parmi des mèmes différents ?

1. C. Bauckhage, « Insights into Internet Memes », in *Proc. ICWSM*, 2011.
2. C. Bauckhage, « Characterizations and Kullback-Leibler Divergence of Gompertz Distributions », in *arxiv:1402.3193 [cs.IT]*, 2014.
3. C. Bauckhage, K. Kersting et F. Hadiji, « Mathematical Models of Fads Explain the Temporal Dynamics of Internet Memes », in *Proc. ICWSM*, 2013.
4. M. Bernstein, A. Monroy-Hernandez, D. Harry, P. Andr, K. Panovich et G. Vargas, « 4chan and /b/: An Analysis of Anonymity and Ephemerality in a Large Online Community », in *Proc. ICWSM*, 2011.
5. M. Cosica, « Competition and Success in the Meme Pool: a Case Study on Quickmeme.com », in *Proc. ICWSM*, 2013.
6. J. Lawless, *Statistical Models and Methods for Lifetime Data*, Wiley, 2003.
7. R. Meyerson et E. Katz, « Notes on a Natural History of Fads », in *American J. of Sociolog*, 62(6):594-601, 1957.
8. L. Shifman, *Memes in Digital Culture*, MIT Press Essential Knowledge, MIT Press, 2013.

# La Remix Culture : une poïétique ordinaire du web

# Laurence Allard

IRCAV-PARIS 3/LILLE 3

Il serait réducteur de limiter la remix culture aux seuls nouveaux « talents numériques » et autres artistes de *mash-up* en voie de reconnaissance[1]. Cette consécration élective ne concerne qu'un aspect de la remix culture, qui renvoie tout simplement à la « prose du web ». En effet, sur les sites de réseaux sociaux, tout à chacun s'exprime en remixant des contenus comme Monsieur Jourdain parlait en prose sans le savoir. Une forme de vie en ligne s'est stabilisée dans les vagues de l'usage, et elle consiste à interagir au travers des contenus préexistants et de leurs appropriations transformatives. Cet usage prosaïque n'épuise pas toute l'ampleur de la remix culture. Pour les plus jeunes, de façon spécifique et encore méconnue, il existe un usage « défensif » des reprises parodiques de clips musicaux. Pour les plus militants, dans le sillage des manifestes situationnistes, le remix s'avère transformatif à plus d'un titre, à la fois sur le plan des contenus remixés, mais également en fonction des contextes sociaux dans lesquels ils sont produits et reçus.

## Socialiser le mème

Sans surestimer les changements liés au numérique, il est bon de rappeler que le développement d'Internet, du web et du téléphone mobile procède d'une révolution communicationnelle mettant des moyens d'expression et de socialisation dans les mains du plus grand nombre (du téléphone mobile basique à l'ordinateur)[2]. Ces conditions socio-économiques de distribution de technologies de communication n'épuisent cependant pas toute la compréhension des usages sociaux de contenus remixés dans un monde connecté.

Dès à présent, il importe de résister à une certaine tendance à la naturalisation du remixage de contenus que la notion de « mème » ou la problématique de la viralité incarnent. Ce mésusage de métaphores essentialistes, décrivant la production et la circulation des contenus sur les réseaux de communication informatisés, a le défaut d'occulter les individus qui créent les conversations digitales, de dénier leurs subjectivités et toute dynamique intersubjective. Car il existe, d'un point de vue sociologique, des conditions favorables au développement des pratiques de remixage de contenus à des fins interactionnelles sur les sites de réseaux sociaux. Dans le contexte sociétal contemporain mettant en avant un individualisme réflexif et la possibilité *a minima* de réfléchir à qui l'on veut être[3], les services web et applications mobiles des réseaux sociaux peuvent être considérés comme un espace de réflexivité dans la formation, devenue plus exploratoire que reproductible, de son identité personnelle et sociale. En accomplissant une partie de leur vie sociale en ligne, les individus, à l'ère de l'existentialisme digital, construisent leur vie sous la forme de représentations numériques choisies et interagissent par l'intermédiaire d'un langage multimodal via des images, des textes et des sons le plus souvent recyclés.

## Parler par des images-textes... pour ne pas dire

Le procédé expressif le plus commun sur les réseaux socio-numériques consiste à parler par images interposées, suivant la problématique de la « montée du web visuel », ou plus précisément par agencement d'images-textes[4]. Ce que l'on peut désigner comme des « conversations créatives »[5] par les partageurs d'articles, d'images ou de vidéos, procèdent d'une appropriation symbolique de contenus suivant des fonctionnalités automatisées et, la plupart du temps, sans transformation structurelle. Ces procédés de photographies et vidéos conversationnelles se sont relativement standardisés avec le bouton « partage » sur les comptes de réseaux sociaux, le *retweet* ou le *reblogging*. Une enquête ethnographique, menée pendant la campagne présidentielle française de 2012[6], nous a ainsi fait observer qu'en parlant « politique par images », en partageant et en commentant des caricatures « toutes faites » des candidats, les utilisateurs de réseaux sociaux compensaient une indécision politique par des expressions plus ou moins créatives et personnelles, ou alors il s'agissait pour eux de ne pas lever le tabou du vote et de se conformer à une logique d'« évitement civique », afin de ne pas entrer dans une « dispute politique » frontale au sein de leur réseau social.

En remixant des contenus préexistants par un commentaire, un titre ou une dédicace à des fins d'expression et d'interactions en ligne, il s'agit également de contrôler sa *vie privée*, comme par exemple son intimité politique, en mettant en place de façon inventive un sens inacessible, comme l'ont suggéré Danah Boyd et Alice Marwick dans leur essai sur « La vie privée dans les réseaux sociaux : les attitudes, pratiques et stratégies des adolescents »[7]. Cette stratégie discursive — que nous pouvons désigner comme relevant du monologisme, du « dire sans dire », du « parler pour soi et quelques autres » — n'est cependant pas réservée aux adolescents. Elle démontre combien les praticiens ordinaires des services de réseaux sociaux ne s'exposent pas de manière irréfléchie et ne se mettent pas à nu sans médiations langagières protectrices.

## Un usage défensif du remix : identités juvéniles et copier-coller expressif

L'analyse des productions digitales juvéniles fait observer une poïétique ordinaire du copier-coller dans la confection des statuts Facebook ou des Tumblr, à l'aide d'agencements de contenus et de montages de différents textes issus de sources distinctes. Ces pratiques expressives de partage de contenus supposent une logique culturelle d'appropriation, voire de manipulation. Dans ces pratiques du copier-coller de contenus, les jeunes s'approprient des éléments d'autres sites, mais aussi les émissions de télévision de plus en plus nourries par la créativité vidéo en réseau, afin de créer leurs propres expressions digitales. Des sites comme 9gag, les *GIF* animés, les tutoriels vidéos, les vidéos de Cyprien ou encore de Bethany Mota, constituent la *database* visuelle de ces images prêtes à faire rire et à être postées. Parmi ces dernières, citons les remixes parodiques des clips *bling bling* — avec leurs représentations hypersexualisées des filles ou des garçons —, ou encore le célèbre fil des remix d'une émission de télévision sur les dangers d'Internet, d'où a été extraite cette ritournelle du web juvénile « coucou tu veux voir ma bite »[8]. A travers la mise à distance d'images « choquantes » — de par leurs stéréotypes du genre — que ces remix parodiques aménagent, leur réception s'avère plus distante et réflexive que passive et littérale. Internet devient une machine à se protéger des contenus inconvenants, car ils y sont décryptés, réinterprétés et resignifiés. Le remix constitue une forme d'autoprotection des jeunes offerte par Internet en invitant à la réécriture, même minimale, à travers un commentaire, un retitrage, un retaguage, etc. Cette stratégie défensive parodique complète la stratégie discursive de protection par le monologisme décrite plus haut.

## Video protest : le remix transformatif pour raconter autrement

Il existe des appropriations transformatives de second degré par rapport au copier-coller ordinaire, usant de différents procédés de détournement parodique[9]. Citons le genre *youtubepoop* consistant en un tronçonnage d'émissions de télévision, de dessins animés ou de jeux vidéo (Super Mario, Zelda, Tintin) mixés en petites unités. Mentionnons également les *mash-ups* réalisés dans le cadre de festivals dédiés à cette technique, tel le Mash-up Film Festival au Forum des Images[10]. Différents procédés de transformations structurelles d'un contenu préexistant sont délimitables. Ils comprennent le retitrage, la recatégorisation, la resonorisation, le recadrage, le remontage, le mixage de petites unités ou *mash-up* de contenus intégraux et la re-création. C'est également le cas des User Generated Games conçus à partir des jeux de plateformes pour Nintendo DS[11].

Au sein des propositions du remix transformatif, des usages protestataires de la vidéo peuvent être identifiés. Ce genre, nommé *video protest*, produit un discours de transformation sur le plan sociétal au moyen d'images transformées. Ces appropriations transformatives font écho à la politique de montage du cinéaste russe Dziga Vertov dans les années 1920, puis reprises par les situationnistes. Pour Vertov, il s'agissait de produire, grâce au montage, un discours dépassant le sens interne de chaque image.

Au fil des ans, nous avons collecté un corpus de politisations de remix vidéo qui exprime une protestation via des contenus initiaux que l'on a transformé à travers différents procédés. Parmi ces vidéos, certaines traitent des émeutes de quartiers de novembre et décembre 2005 et montrent comment les jeunes des banlieues françaises se sont réappropriés le flux de la mise en scène télévisuelle, afin de livrer leur propre narration des événement, à l'instar de *French Democracy*[12] d'Alex Chan (2005). Celui-ci a recréé en machinima le fil des événements avec un logiciel permettant de réaliser des séquences cinématiques sur la base d'images de synthèse. Un autre type de remix protestataire repose sur le principe des patterns narratifs universaux. *La chute* d'Oliver Hirschbiegel (2004) a constitué une toile de fond mondiale afin de re-décrire des événements en tout genre articulé autour de la grammaire du mal vaincu. *Avatar* de James Cameron (2009), en tant que grand récit de la lutte des faibles contre les forts, a inspiré des palestiniens chassés de leurs terres dans *Bilin Reenacts Avatar Film*[13], ou des parents d'élèves du Havre protestant contre la fermeture d'une classe dans *Havratar*[14]. Le clip *Happy* de Pharell Williams a servi de bande sonore planétaire pour mettre en scène la fierté des habitants de Cotonou[15] ou au contraire le dépit des pompiers syndicalistes en France[16].

## Aux origines artistiques du video protest : le détournement filmique situationniste et le cultural jamming

Les modalités historiques de la protestation par la voie de remix transformatifs trouvent leur origine dans le mouvement situationniste. Suite à l'échec des avant-gardes des années 1920, les situationnistes tentent à nouveau de politiser l'art en détournant notamment la culture populaire — cinéma, bande-dessinée, publicité — afin de subvertir le discours initial au profit d'un propos politique de gauche radicale. « Dans son ensemble, l'héritage littéraire et artistique de l'humanité doit être utilisé à des fins de propagande partisane » exhortent Guy-Ernest Debord et Gil J. Wolman dans leur *Mode d'emploi du détournement*[17]. L'une des réalisations achevées de cet appel au détournement se trouve représentée par *La dialectique peut-elle casser des briques ?* de René Viennet (1973), proposant un re-doublage intégral du film chinois *Crush* de Kuang Chi-Tu (1972).

Cet héritage situationniste rencontre la cyberculture des années 1990 à travers la problématique du *cultural jamming*, que l'on peut traduire par « sabotage culturel », et qui intègre différentes pratiques de détournement culturel mises en œuvre tout au long du siècle dernier. Selon Mark Dery, dans son écrit *Cultural Jamming: Hacking, Slashing and Sniping in the Empire of Signs* (1997)[18], le terme *cultural jamming* a été utilisé pour la première fois aux USA par le collage band *Negativland* pour décrire le sabotage des médias, dans le but de résister à l'envahissement des flux des médias de masse. Le studio du *cultural jammer* est le monde entier. C'est une catégorie élastique qui recouvre une multitude de pratiques sous-culturelles : le *hacking* contre les géants de l'informatique, le *slashing* ou les détournements pornographiques de Star Trek publiés dans les fanzines. Le *jamming* renvoie historiquement aux formes de brouillage de la consommation de masse. Les piratages radios et télévisés, la contre-surveillance vidéo et les détournements publicitaires sont les modes opératoires du *cultural jamming*.

## Sous le remix vidéo, la cause du droit d'auteur

Les musiciens cités par Mark Dery, *Negativland*, forment un groupe expérimental créé en 1979 en Californie, qui par le biais du remix vidéo, milite pour le droit de s'approprier matériellement des contenus préexistants.

*Negativland* plaide le «droit de citation» en arguant qu'à l'instar de Marcel Duchamp, «l'acte de sélectionner peut être une forme d'inspiration aussi originale et significative que n'importe quelle autre.»[19] Nous reconnaissons ici le rôle de la «critique artistique» à travers la mise en forme d'un problème public par différents procédés de discours ou de mises en scène. Parmi elles, rappelons la projection par le groupe de son remix de *La petite sirène* de Walt Disney — *Gimme the Mermaid*[20]— sur les murs du siège de l'Organisation Mondiale de la Propriété Intellectuelle lors du contre-sommet organisée à Genève en décembre 2003 durant le SMSI.[21]

## Quand le remix fait l'audience

Pendant plus de dix ans, le monde de l'art et de la culture a été en guerre contre Internet. La reprise de contenus issus des industries culturelles, leurs appropriations et leurs transformations à des fins expressives ou militantes ont été criminalisées par différents acteurs étatiques et culturels. Pour notre part, nous avons toujours défendu la problématique de la légitimité socio-culturelle et du caractère juridiquement loyal de ces pratiques expressives transformatives. D'autant qu'elles ont fini par nourrir le modèle d'affaire du web 2.0 dit *crowdsourcing*, c'est-à-dire l'alimentation du web en contenus par les internautes eux-mêmes, suivant la définition du *crowdsourcing* par son concepteur: «Toutes les sociétés qui ont grandi à l'âge d'Internet ont compris les avantages d'un monde connecté. Mais maintenant, le potentiel productif de millions d'enthousiastes connectés attire l'attention du monde des affaires plus ancien. Pendant des décennies, des entreprises sont allées chercher du côté de l'Inde ou de la Chine des travailleurs bon marché (*outsourcing*). Aujourd'hui, l'important n'est plus où se trouvent les travailleurs, qu'importe qu'ils soient en Indonésie ou dans l'immeuble d'à côté, pourvu qu'ils soient connectés au réseau.»[22] Un aspect méconnu du *crowdsourcing* culturel, que nous désignons sous le terme d'*audienciation*, renvoie à la façon dont l'audience se coproduit elle-même à travers les différents procédés de la conversation créative (*liker*, partager, commenter). Grâce à ces pratiques d'audienciation, les contenus du web sont diffusés, promus et popularisés *en toute gratuité* par les expressions et interactions des internautes. Celles-ci sont devenues l'un des piliers du marketing 2.0 de la pop culture avec plusieurs jalons connus à ce jour : Britney Remix remixée malgré elle ; Lady Gaga qui propose un concours de remix de *Born this way* en mai 2011 ; Psy qui donne au *fair use* toute sa portée créative avec son *Gangnam Style* qui a inspiré un fil quasi autonomisé de remix. L'audienciation renvoie ainsi aux pratiques de co-création et de co-diffusion de contenus sur le web que certains désignent également comme *digital labor*[23]. Issues du « travail expressif » gratuit des internautes, ces contenus remixés générés par les utilisateurs ne profitent financièrement qu'aux seuls GAFA[24].

## La reconnaissance de la création transformative

Une reconnaissance nouvelle du remix transformatif est explicitée dans un récent rapport du Ministère de la Culture français rédigé par Pierre Lescure en 2013. Il traite notamment de « la création transformative à l'ère numérique » en mettant en avant la contribution des internautes à la création de valeurs à travers les « œuvres transformatives » (remix, détournement, parodie) et l'émergence d'une économie de la contribution grâce aux métadonnées ainsi produites[25]. On peut également observer comment le remix semble être devenu le format emblématique de l'appropriation des contenus culturels par les publics et, pour cette raison, comment il se trouve réutilisé dans d'autres cadres institutionnels. C'est le cas notamment dans les musées, à travers les propositions pionnières de *Muséomix*[26] visant à co-créer de nouvelles façons d'approcher les expositions. Cette consécration culturelle du remix peut être aisément justifiée, car il constitue la prose du web, le parler ordinaire des conversations en ligne et ce faisant, il représente une modalité inclusive du rapport aux contenus. Reste, au-delà de cette reconnaissance symbolique, à consolider juridiquement cet usage loyal — *fair use* — concédé aux USA depuis juillet 2010 aux créateurs de *mash-up*, mais également aux publics remixeurs.[27]

Tous les liens ont été vérifiés le 22.09.2015.

1. cf. la manifestation « Automne Numérique » organisée en France en octobre 2013, autour d'un atelier « Mash-up » par le Ministère de la Culture et de la Communication. http://www.culturecommunication.gouv.fr/Actualites/En-continu/Education-artistique-L-Automne-numerique-en-trois-dates
2. cf. notre article « Express Yourself 3.0 ! Le mobile comme technologie pour soi et quelques autres entre double agir communicationnel et continuum disjonctif soma-technologique », in *Téléphone Mobile et Création*, sous la dir. de Laurent Creton, Roger Odin, Laurence Allard, Armand Colin, 2014. Version de travail actualisée, « Le mobile comme média de la voix intérieure », novembre 2014 : http://www.mobactu.fr/?p=1074
3. Ulrich Beck, Anthony Giddens, Scott Lash (1994), *Reflexive Modernization. Politics, Tradition and Aesthetics in the Modern Social Order*, Stanford University Press.
4. Laurence Allard, « Qu'est-ce qu'une photo à l'ère du numérique et du téléphone mobile ? », « Emoji, le ‹ mot-image › de la culture mobile ? », in http://www.mobactu.fr et « La vidéo conversationnelle : jouer avec les images (vine, snapchat story, dubsmash) », in http://www.mobactu.fr/?p=1305, décembre 2014.
5. De façon significative, l'échelle « social technographics » a, dès 2010, introduit la catégorie « nouvelle » des « conversationnalistes » qui postent sur les réseaux sociaux. Source : http://forrester.typepad.com/groundswell/2010/01/conversationalists-get-onto-the-ladder.html
6. cf. un corpus de captures d'écran sélectionné pour la conférence « Créativité des publics à l'heure digitale : Pluralites VS dualismes... L'ambivalence toujours ? » dans le cadre de l'événement « Europe créative — Pour une Europe culturelle à l'horizon 2020 », Journée de présentation d'Europe créative, 12 novembre 2013, Beaubourg, Paris : http://fr.slideshare.net/laurenceallard/relacrativite-des-publics-lheure-digitale-pluralites-vs-dualismeslambivalence-toujours-is-culture-slide-share?related=1
7. https://docs.google.com/viewer?url=http%3A%2F%2Fwww.danah.org%2Fpapers%2F2011%2FSocialPrivacyPLSC-Draft.pdf
8. https://www.youtube.com/results?search_query=coucou+tu+veux+voir+ma+bite
9. Gérard Genette, dans *Palimpsestes*, distingue deux grands types de relation au texte originel, la transformation et l'imitation, ainsi que deux fonctions structurales, à savoir la satire et le pastiche. La parodie, selon sa définition, consiste en un détournement à transformation minimale, tandis que le travestissement relève d'une transformation stylistique à fonction dégradante ; enfin la charge est un pastiche satirique, « à la manière de ». Vient ensuite le pastiche proprement dit, qui se définit par une fonction d'imitation non satirique. cf. Gérard Genette, *Palimpsestes*, La littérature au second degré, Seuil, pp.40-41.
10. http://www.mashupfilmfestival.fr/

11. cf. Laurence Allard, « User Generated Games : le terrain des virtuoses de la remixabilité du code », in *Numérique et transesthétique*, sous la direction de Sylvie Thouard et Gérard Leblanc, Presses Universitaires de Strasbourg, mars 2012. Version de travail disponible sur : http://culturesexpressives.fr/lib/exe/fetch.php?media=allard_usergeneratedgamesdef2.pdf
12. https://www.youtube.com/watch?v=stu31sz5ivk
13. Le film est reconstitué et rejoué IRL et la vidéo est postée sur Youtube : https://www.youtube.com/watch?v=Chw32qG-M7E
14. https://www.youtube.com/watch?v=5I7L1vgPM80
15. Pharrell Williams — *Happy* (We are happy from Cotonou) #HAPPYDAY #makingafrica, in https://www.youtube.com/watch?v=bwLLbLSMMMo
16. SNSPP-FO-27, « Pompiers Eure en colère », « J'suis pas happy », in https://www.youtube.com/watch?v=AkP3fSn69Ik
17. in *Les lèvres nues*, n°8, mai 1956.
18. http://markdery.com/?page_id=154
19. « Droit de citation », in *Libres enfants du savoir numérique*, sous la direction d'Olivier Blondeau et Florent Latrive, Editions L'Eclat, 2000. Source : http://www.cairn.info/libres-enfants-du-savoir-numerique--9782841620432-page-421.htm
20. https://www.youtube.com/watch?v=NTZoxVH7OCg
21. http://www.geneva03.org/polimedia/display.php%3Fid=27&lang=en.html
22. Jeff Howe, *Wired*, 14 juin 2006. Source : http://archive.wired.com/wired/archive/14.06/crowds.html?pg=1&topic=crowds&topic_set=
23. cf. Trebor Scholz ed., *Digital Labor: The Internet as Playground and Factory*, Routledge, 2012. Introduction en ligne : http://www.academia.edu/2303176/Introduction_to_Digital_Labor_The_Internet_as_Playground_and_Factory
24. L'acronyme GAFA désigne les quatre grandes firmes américaines (Google, Apple, Facebook et Amazon) qui dominent le marché du numérique.
25. Mission Acte II de l'exception culturelle : *Contribution aux politiques culturelles à l'ère numérique*, mai 2013, Fiche C9 : « La création transformative à l'ère numérique », pp. 433-441. Source : http://www.culturecommunication.gouv.fr/var/culture/storage/culture_mag/rapport_lescure/index.htm#/433
26. http://www.museomix.org/
27. cf. Les pistes proposées en France par le Rapport de la mission du CSPLA sur les « œuvres transformatives », rédigé par la juriste Valérie Laure Benabou en octobre 2014. Ces pistes vont vers une certaine reconnaissance des auteurs d'œuvres transformatives, passant par exemple par « la fin de l'automatisation des procédures de retrait contre les remix et *mash-ups* » ou la « garantie d'un accès effectif aux matériaux créatifs » (information sur les droits, registre du domaine public, formats ouverts...). Source : http://www.nextinpact.com/news/90264-pour-autoriser-mash-up-cspla-compte-impliquer-hebergeurs.htm

# Richard Dawkins

## THE SELFISH GENE

*Dans un livre publié en 1976 et intitulé* The Selfish Gene, *le biologiste et écrivain anglais Richard Dawkins inventa le mot « mème » pour se référer à une entité culturelle qui puisse être considérée comme le réplicateur d'une certaine idée. L'extrait suivant développe ce concept.*

Nous avons besoin d'un nom pour ce nouveau réplicateur, d'un nom qui évoque l'idée d'une unité de transmission culturelle ou d'une unité d'imitation. « Mimème » vient certes d'une racine grecque, mais je préfère un mot d'une seule syllabe qui sonne un peu comme « gène ». J'espère que mes amis, plutôt classicistes, me pardonneront d'abréger mimème en *mème*. Si cela peut vous consoler, imaginons que mème peut venir de « mémoire » ou du mot français « même ».

On trouve des exemples de mèmes dans les mélodies, les idées, les slogans, la mode vestimentaire, la manière de faire de la poterie ou de construire des arches. Tout comme les gènes se propagent dans le pool génique en sautant de corps en corps par le biais des spermatozoïdes et des ovocytes, les mèmes se propagent dans le pool mémique, en sautant de cerveau en cerveau par un processus qui pourrait être qualifié d'imitation, au sens large. Si un scientifique, dans ce qu'il lit ou entend, découvre une bonne idée, il la transmettra à ses collègues et à ses étudiants. Il la mentionnera dans ses articles, dans ses cours. Si l'idée suscite de l'intérêt, on peut dire qu'elle se propage d'elle-même, se développant d'un cerveau à l'autre. Comme mon collègue N.K. Humphrey l'a très clairement résumé dans une version préliminaire de ce chapitre : « [...] Les mèmes devraient être considérés comme des structures vivantes, non seulement métaphoriquement, mais aussi techniquement. Lorsque vous plantez un mème fertile dans mon esprit, vous parasitez littéralement mon cerveau, le transformant en un véhicule destiné à propager le mème, exactement comme un virus peut parasiter le mécanisme génétique d'une cellule hôte. Ce n'est pas seulement une façon de parler : le mème pour, admettons, ‹ croyance en la vie après la mort ›, existe physiquement à plusieurs millions d'exemplaires, de la même façon qu'existe une structure dans le système nerveux d'une multitude d'humains à travers le monde ».

RÉFÉRENCE

Dawkins, R. (1976), *The Selfish Gene*, Oxford University Press, p. 192.

# Susan Blackmore

## THE MEME MACHINE

*En sa qualité d'auteure freelance et de psychologue, Susan Blackmore a contribué à la recherche sur les mèmes et leur caractère évolutif. Dans son livre intitulé* The Meme Machine, *elle apporte un nouveau regard sur le travail de Dawkins en abordant les bases empiriques ainsi que les lacunes de ce concept.*

De nombreuses étapes de reproduction de mèmes ont servi à la conception des ordinateurs dont tout cela dépend. Cela comprend l'invention du langage, sa longévité augmentée par l'écriture, une meilleure communication entre les gens par la construction de routes et de chemins de fer, l'invention du téléphone et de la télévision, l'invention d'ordinateurs numériques, les langages de programmation, les périphériques de stockage et finalement la création de progiciels tels que les logiciels de traitement de texte, les logiciels de statistiques, les tableurs et les bases de données, qui consistent en des complexes mémétiques dont les véhicules sont les documents qu'ils permettent de créer. Nous pourrions attendre de ce processus qu'il engendre toujours plus d'enseignements assistés par ordinateur dont les opérations sont impénétrables pour leurs utilisateurs, mais dont les produits déterminent s'ils sont répliqués ou non.

Il est utile de noter que ce processus évolutif a rendu les mécanismes de copie mémétique plus proches des mécanismes génétiques. Une des grandes inquiétudes concernant la mémétique émanait de l'accusation selon laquelle les mèmes se transmettaient par « la transmission des caractères acquis » lamarckienne. Nous pouvons constater aujourd'hui que la tendance concernant les développements de technologies de copies de mèmes se dirige vers un mécanisme non-lamarckien, comme c'est probablement le cas des gènes. Autrement dit, une copie de l'instruction, pas du produit. La façon précise dont cela s'opère pour les gènes et les mèmes sera toujours différente, mais les principes basiques évolutionnaires sont semblables. La concurrence entre les réplicateurs contraint à l'invention de systèmes de copie de ces réplicateurs de plus en plus performants. Les meilleurs sont numériques, dotés de systèmes de résolution d'erreurs efficaces, et ils copient les instructions pour fabriquer de meilleurs produits que les produits eux-mêmes.

RÉFÉRENCE

Blackmore, S. (2000), *The Meme Machine*, Oxford University Press, p. 215.

# Pascal Boyer

## RELIGION EXPLAINED

*Pascal Boyer est anthropologiste à la Washington University de St.Louis (USA). Il travaille sur les fondements neuro-cognitifs des mémoires individuelles et culturelles. Dans cet extrait de son livre* Religion Explained*, il décrit la nature évolutive de la culture.*

La Culture est l'autre nom de la similarité. Ce que l'on signifie lorsque l'on dit que quelque chose est culturel, c'est qu'il est à peu près similaire à ce que l'on trouve chez d'autres membres du groupe que l'on considère, et différent de ce que l'on trouverait chez les membres d'un groupe opposé. C'est pourquoi il est déroutant de dire que des personnes partagent une culture comme s'il s'agissait d'une propriété commune.

[...]

Les mèmes culturels subissent des mutations, recombinations et sélections à l'intérieur de l'esprit d'un individu et ce, tout autant et aussi souvent (probablement beaucoup plus souvent) que pendant une transmission entre plusieurs individus. Nous ne transmettons pas uniquement l'information que nous recevons. Nous la traitons et l'utilisons pour créer de nouvelles informations, dont certaines sont communiquées à d'autres personnes. Pour certains anthropologistes, cela semble annoncer la ruine de l'explication de la culture par les mèmes. En effet, ce que nous nommons culture est la similarité des représentations mentales de certaines personnes dans certains domaines. Mais comment peut-il y avoir une quelconque similarité, si les représentations viennent de tant de sources et subissent tant de changements ?

RÉFÉRENCE

Boyer, P. (2000), *Religion Explained: The Evolutionary Origins of Religious Thought*, Basic Books, pp. 35-39.

# Henry Jenkins

## MEDIA VIRUSES AND MEMES

*En tant que Professeur de Communication à la University of Southern California, Henry Jenkins cible ses investigations sur les différents aspects des médias et de la culture populaire, tels que la convergence des médias ou la participation des publics. Dans ce court extrait, il met en lumière l'importance de l'intervention humaine dans la circulation des mèmes.*

Au centre des difficultés liées aussi bien aux mèmes qu'au modèle de viralité des médias, se tient la confusion spécifique sur le rôle que jouent les individus dans la transmission des contenus médiatiques. Au départ, la mémétique a souffert de la confusion sur la nature de l'intervention qui est à sa source. Contrairement aux caractéristiques génétiques, la culture n'est en aucun cas auto-réplicative, il revient aux individus de la faire naître, de la développer et de la nourrir. Le terme « culture » trouve son origine dans la métaphore de l'agriculture : l'analogie était de cultiver l'esprit humain comme on cultive la terre. La culture représente ainsi l'affirmation de la volonté humaine et son intervention sur la nature. En tant que tel, les cultures ne sont pas seulement des us et coutumes que l'on nous transmet, elles sont ce que nous construisons ensemble. Il est certain que n'importe quel individu peut être influencé par la culture qui l'entoure, par la mode, les médias, les discours et les idées qui constituent son quotidien, néanmoins les individus apportent leur propre contribution à leur culture par les choix qu'ils font. Le langage de la mémétique, par contre, déconstruit le concept d'intervention humaine.

Les processus d'adaptation culturelle sont plus complexes que ce que la notion de circulation de mèmes établit. En effet, les théories pour comprendre l'assimilation culturelle doivent prendre en considération deux facteurs mis de coté par la mémétique : les choix humains et le médium par lesquels circulent ces idées.

RÉFÉRENCE

Jenkins, H. (2009), *If It Doesn't Spread, It's Dead (Part One): Media Viruses and Memes, Confessions of an Aca-Fan*, disponible sur le lien URL : http://henryjenkins.org/2009/02/if_it_doesnt_spread_its_dead_p.html

# Lev Manovich

## DEEP REMIXABILITY

*Lev Manovich, professeur dans le programme de sciences de l'informatique à la City University of New York, est un important chercheur dans la théorisation des nouveaux médias et des technologies digitales. Dans cet extrait, il décrit l'importance de la « remixabilité », qui est un mécanisme central dans la création des mèmes.*

Pour décrire comment des médias, qui étaient au préalable séparés, peuvent à présent être compatibles dans un environnement commun basé sur des logiciels, j'ai inventé le terme *deep remixability*. Bien que *deep remixability* ait un rapport avec « remix » tel qu'il est habituellement compris, ce terme a ses propres mécanismes. Un environnement propice au développement de logiciels permet aux designers de remixer non seulement le contenu de différents médias, mais aussi leurs techniques fondamentales, leurs méthodes de travail, et les types de représentations et d'expressions.

Une fois qu'ils sont simulés par ordinateur, les techniques, issues de différents médias qui n'étaient pas compatibles au préalable, commencent à être combinables de manières toujours renouvelées, ce qui crée des médias hybrides, ou, en utilisant une métaphore biologique, des nouvelles « espèces de médias ». Pour prendre un exemple parmi d'autres, pensez à la populaire application Google Earth qui combine les techniques de cartographie traditionnelles, le champ du Système d'Information Géographique (SIG), le graphisme et l'animation 3D, les logiciels sociaux, la recherche et d'autres éléments ou fonctions. A mon avis, cette capacité à combiner des techniques de médias séparés au préalable est un stade fondamental dans l'histoire des médias, de la sémiotique et de la communication humaine, rendue possible par la « logicielisation ».

## RÉFÉRENCE

Manovich, L. (2013). Texte disponible à l'URL suivante: http://multimodal-analysis-lab.org/_docs/07-Lev%20Manovich.pdf

# Lexique

4 *4chan*

Site anglophone de partage d'images (*imageboard*) sur lequel des utilisateurs anonymes postent des visuels. Haut-lieu de la sous-culture Internet et de l'activisme, ses utilisateurs sont, entre autres, à l'origine de la création et de la popularisation de mèmes tel que LOLcats, Rickrolling ou Pedobear.

C *Click bait*

Lien attrayant sur un site web qui encourage les gens à le lire, souvent payé par des publicitaires ou dont les revenus sont basés sur le nombre de clics.

D *Deep remixability*

Terme inventé par le chercheur en nouveaux-médias Lev Manovitch, qui se réfère à l'hybridation de techniques de design de médias qui n'étaient pas compatible au préalable.

*DeviantART*

Communauté online d'artistes dans laquelle les utilisateurs soumettent leurs créations. Elle est composée de forums sur lesquels les participants peuvent poster leurs travaux et comprend une section dédiée aux ressources éducationnelles et aux tutoriaux de techniques artistiques.

K *Know Your Meme*

Site web à la manière de Wikipédia qui documente les mèmes Internet et les autres phénomènes viraux.

I *I can haz cheezburger*

Nom d'un blog qui présente des LOLcats, créé en 2007 par Eric Nakagawa et Kari Unebasami. C'est un des sites de mèmes Internet les plus populaires.

*Image macro*

Image avec du texte superposé qui vise un effet comique.

L *LOLspeak*

Variante singulière et grammaticalement incorrecte de la langue anglaise utilisant des acronymes rencontrés seulement dans les textos et les e-mails. Souvent employé en référence aux photos de LOLcats.

M *Mash-up*

Terme qui désigne originellement une musique composée en mélangeant deux ou plusieurs chansons préenregistrées, en ajoutant de manière souvent dénuée de sens les paroles d'une chanson sur une autre musique. Ce terme fait aussi allusion à des pages ou applications web qui associent des contenus multimédias.

*Meme generator*

Plateforme permettant de consulter des mèmes existants, de les évaluer et d'en créer des dérivations.

N

*Noelisme*

Mouvement social controversé sur le web francophone et qui utilise un smiley avec un bonnet de père noël, responsable d'activités allant de l'auto-justice au harcèlement numérique.

R

*Remix*

Morceau de musique réédité ou complètement recréé pour sonner différemment de la version originale.

Y

*YTMND*

Communauté on-line qui héberge des générateurs de remix et de parodies de la culture populaire, sous la forme de pages web multimédia comprenant des images fixes ou des *GIF* animés avec des textes de sous-titres et des boucles de musiques. YTMND est une abréviation de la phrase : « You are the man now, dog! » (« Tu es l'homme maintenant, chien ! »), extraite d'une réplique du personnage de William Forrester dans *A la recherche de Forrester*.

# La mémétique deviendra-t-elle une science exacte ?

—

Peut-on imaginer un futur ou la compréhension de la mémétique aura fait suffisamment de progrès pour que des entreprises ou des particuliers sachent concevoir des mèmes à succès ? Si c'est le cas, la production de mèmes optimisés pourrait devenir un outil marketing extrêmement efficace. La conception de mèmes serait utilisée en politique pour déstabiliser les adversaires ou, pourquoi pas, faire tomber des régimes entiers. Courroies de transmission de ces nouveaux motifs culturels, les internautes seraient, malgré leur apparente participation, les relais asservis à ces dynamiques culturelles dorénavant maîtrisées. Le concept de « violence mémétique » pourrait être utilisé pour caractériser cette forme d'assujettissement.

# Est-ce qu'une machine peut créer un mème à succès ?

—

Le passage d'une « science des mèmes » à une « ingénierie des mèmes », permettant la production automatisée par les machines elles-mêmes, pourrait laisser envisager une nouvelle étape dans l'hybridation culturelle déjà amorcée par la culture numérique. Quand les réplicateurs culturels ne seront plus la production d'individus, ni d'organisations, mais qu'ils deviendront des productions générées de manière autonome par des algorithmes, une forme complexe de *créolisation*, au sens linguistique du terme, pourrait voir le jour.

# Est-ce que les mèmes peuvent devenir des objets physiques ?

—

La généralisation des imprimantes 3D permettant de transformer des fichiers numériques en objets physiques permet d'envisager une matérialisation des phénomènes mémétique sous la forme de production d'objets. La virtuosité des remixeurs d'images pourrait alors se déplacer dans le domaine de la production d'objets en trois dimensions. De nouvelles boucles culturelles, dans lesquelles les modèles d'objets seraient diffusés, transformés, imprimés puis rephotographiés ou remodelés, pourraient ainsi étendre et complexifier les phénomènes de circulations mémétiques.

# Les mèmes peuvent-ils devenir des armes de guerre ?

–

La notion de guerre mémétique, en tant qu'extension d'une forme de *soft power*, peut être envisagée. Hollywood a certainement une influence culturelle dont les effets politiques peuvent être envisagés comme une arme. De manière similaire, les mèmes sont susceptibles de renouveler les politiques de propagande. Il est probable que l'étude et la compréhension de ces nouvelles logiques de propagations culturelles soient déjà au cœur de certaines études militaires.

# Les mèmes ne sont-ils qu'une mode ?

—

La notion de mème est-elle faite pour durer ? Le concept est-il le bon pour comprendre la complexité des phénomènes culturels numériques ? Il est possible que la notion même, par certains aspects encore flous et ouverts dans sa définition, soit supplantée par des concepts plus étroits et mieux définis. Il est par contre plus difficile d'imaginer que les phénomènes aujourd'hui nommés sous le terme de « mème » disparaissent complètement du paysage de la culture numérique. Le seul scénario plausible pour une telle évolution serait que le média lui-même se voit assujetti soit par un contrôle généralisé, soit par la banalisation des contenus commerciaux et politiques optimisés. Dans ces conditions, les internautes les plus innovants, ceux qui aujourd'hui sont au cœur du processus de création de nouveaux mèmes, se retireraient sans doute des plateformes envahies pour redéployer ailleurs leur créativité.